DUDEN

Richtig nachschlagen

Übungsheft für die Grundschule

Erarbeitet von
Jutta Fiedler und Kristina Spall

Duden Schulbuchverlag
Berlin, Mannheim

Das Wörterbuch kennenlernen

Die Wörter ganz oben helfen dir, dein gesuchtes Wort schnell zu finden. Man nennt sie Kopfwörter. Auf einer linken Seite steht das erste Wort, auf einer rechten Seite steht das letzte Wort.

Ist das Stichwort ein Nomen, dann steht der passende Artikel dabei.

Am Seitenrand ist eine Griffleiste mit allen Buchstaben des Abcs. Damit kannst du schnell dein gesuchtes Wort finden.

Die fett gedruckten Wörter heißen Stichwörter. Sie sind nach dem Abc geordnet.

Zu jedem Stichwort kannst du die richtige Silbentrennung nachschlagen. Der kleine | zeigt dir an, wo du das Wort trennen kannst.

Ist das Stichwort ein Verb, dann steht es meist in der Grundform.

A B C D E F G H I J K L M N O P Q R S T U V W X Y Z

Arbeit

Ar|beit, die: **1.** (die Arbeiten): Tätigkeit, die Mühe bereitet: *Gartenarbeit.* **2.** (die Arbeiten): *Klassenarbeit.* **3.** (die Arbeiten): Erzeugnis; Werk: *Bastelarbeit.* **4.** (ohne Mehrzahl): Verdienstmöglichkeit; Arbeitsstelle; Beruf

ar|bei|ten: 1. Arbeit leisten; tätig sein: *Sie arbeiten fleißig.* **2.** einen Beruf ausüben. **3.** funktionieren: *Die Maschine arbeitet wieder.*

Ar|beits|schritt, der (die Arbeitsschritte): Schritt eines Arbeitsvorgangs: *Für unsere Bastelarbeit sind drei Arbeitsschritte nötig.*

Ar|chäo|lo|ge, der (die Archäologen): Wissenschaftler, der sich mit den Überresten (z. B. Häusern) aus alter Zeit beschäftigt

är|gern: 1. jemand anderen wütend machen. **2.** (sich): sich aufregen; wütend werden

Ar|gu|ment, das (die Argumente): Begründung; Beweis

Ark|tis, die: Land und Meeresgebiet um den Nordpol

arm (ärmer, am ärmsten): **1.** ohne Geld; nicht reich. **2.** bedauernswert

Arm, der (die Arme): **1.** Teil des menschlichen Körpers. **2.** Abzweigung: *Seitenarm eines Flusses*

Är|mel, der (die Ärmel): Teil eines Kleidungsstückes, der den Arm bedeckt

Ar|mut, die (ohne Mehrzahl): Geldmangel; Bedürftigkeit; Not

Art, die: **1.** (ohne Mehrzahl): Natur; Wesensart: *Das ist halt seine Art.* **2.** (die Arten): Verhaltensweise. **3.** (die Arten): Klasse; Sorte: *eine ausgestorbene Tierart*

Ar|ti|kel, der (die Artikel): **1.** Begleiter des Nomens. **2.** Aufsatz, Beitrag in einer Zeitung oder Zeitschrift. **3.** Abschnitt (in Gesetzestexten). **4.** Gegenstand, der zum Verkauf steht

Ar|tist, der (die Artisten): Zirkuskünstler

Arzt, der (die Ärzte): jemand, der Kranke behandelt

Ärz|tin, die (die Ärztinnen): weibliche Form zu ⇨ Arzt

22

Manche Adjektive werden unregelmäßig gesteigert. Dann stehen die 1. und die 2. Vergleichsform hinter dem Stichwort.

Ist das Stichwort ein Nomen, dann steht es meist in der Einzahl, danach folgt die Mehrzahl.

In manchen Wörterbüchern steht noch dabei, was das Wort bedeutet oder wie man es verwendet. Manche Wörter haben mehr als eine Bedeutung.

Inhaltsverzeichnis

Nachschlagen für Einsteiger

Auftragskarten für Einsteiger und Fortgeschrittene

Nachschlagen für Fortgeschrittene

Grundaufgaben

Aufgaben mit erhöhtem Schwierigkeitsgrad

Auftragskarten

Wortfamilie

Wortbausteine

Merkwort

Das Abc kennenlernen

1 Ein Blick ins Kinderzimmer:
a) Welche Buchstaben fehlen? Trage sie richtig ein.
b) Male passende Bilder in die leeren Schlüssellöcher.

2 Acht Buchstaben sind eingeschmuggelt. Sie ergeben ein anderes Wort für Abc.

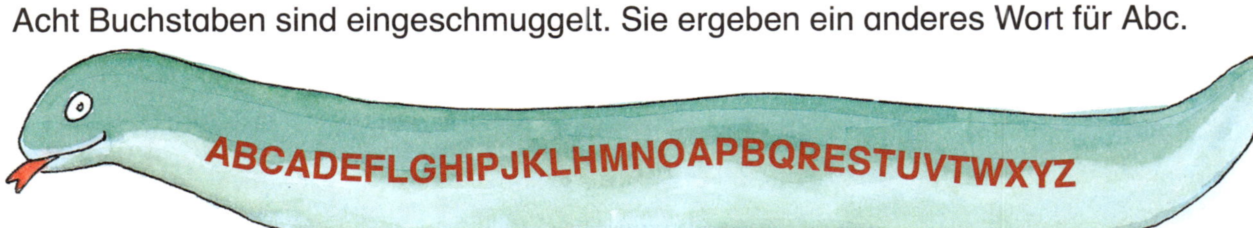

Lösung: ______________________

Das Abc kennenlernen

3 Welche Buchstaben fehlen? Trage richtig ein. 1–6

4 Welcher Buchstabe kommt danach? Trage richtig ein. 1–6

5 Welcher Buchstabe kommt davor? Trage richtig ein. 1–6

6 Verbinde die Buchstaben in der Reihenfolge des Abcs.
Du darfst die Figuren dann auch ausmalen.

Wörter ordnen

7–8

1 In welcher Reihenfolge stehen die Fahrzeuge im Wörterbuch? Nummeriere richtig.

◯ Zug ◯ Auto ◯ Mountainbike ◯ Boot ◯ Fahrrad ◯ Schiff

7–8

2 Die ausgeliehenen Tierbücher müssen wieder eingeordnet werden.
Zeige mit einem Pfeil, wohin welches Buch gehört.

7–8

3 Ordne die Kleidungsstücke nach dem Abc.
Nummeriere sie zuerst und schreibe sie dann in die richtige Schublade.

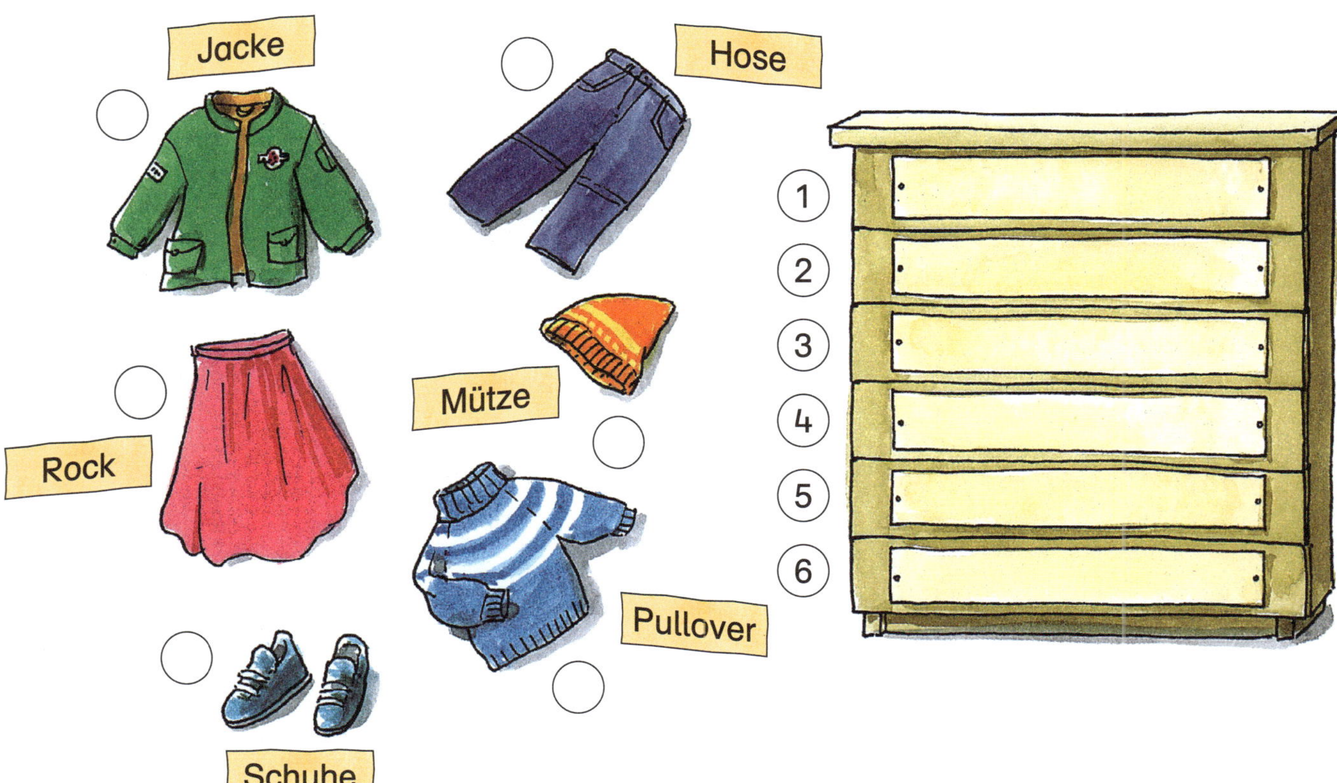

Wörter ordnen

7–8

4 Was sind diese Menschen von Beruf? Ordne die Nachnamen nach dem Abc.
Nummeriere sie zuerst und schreibe sie dann richtig in die Kästchen.

◯ Susi Kahn

◯ Laura Albert

◯ Bernd Geiger

◯ Markus Zirk

◯ Bernd Wenzel

◯ Ulrike Parker

7–8

5 Welche Tiere erkennst du?
a) Schreibe die Tiernamen in die Kästchen.

b) Ordne die Tiernamen nach dem Abc.
Du musst dabei auf den zweiten Buchstaben achten.

1 ______ 2 ______

3 ______ 4 ______

c) Überprüfe die Reihenfolge mithilfe deines Wörterbuchs.

Wörter suchen

1 Die Turmfahne gibt an, welche Wörter sich hier treffen. Einige falsche Wörter haben sich eingeschlichen. Streiche sie durch.

2 Suche in deinem Wörterbuch jeweils das erste Wort mit D, M, N, P, R, Sch.

D ____________ P ____________

M ____________ R ____________

N ____________ Sch ____________

3 Schreibe heraus, welches Wort in deinem Wörterbuch davor und danach steht.

____________ essen ____________

____________ gehen ____________

____________ lachen ____________

____________ Schal ____________

Wörter suchen

4 Schlage im Wörterbuch nach und schreibe die Lösungen in die Kästchen.

8–12, 20

graues Tier mit E	_ S _ _
Tier mit D	_ _ _ _ _
Waldtier mit R	_ _ _
Rüsseltier mit E	_ _ _ _ _ _ _
Wüstentier mit K	_ _ _ _ _
Wassertier mit E	_ _ _ _
Stacheltier mit I	_ _ _ _
Reittier mit P	_ _ _ _ _

5 Suche in deinem Wörterbuch die Wörter zu den Bildern. Notiere die Seitenzahl.

 ____________ Seite ☐

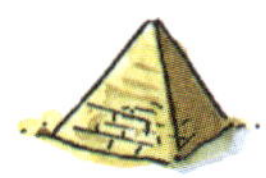 ____________ Seite ☐

 ____________ Seite ☐

 ____________ Seite ☐

6 Suche sechs Wörter aus dem Wörterbuch, die mit dem Thema Essen und Trinken zu tun haben, und schreibe sie hier auf.

8–12, 20

Artikel, Einzahl und Mehrzahl

1 a) Wie heißt der Artikel? Schreibe die Wörter in den richtigen Turm und kontrolliere mithilfe des Wörterbuchs.

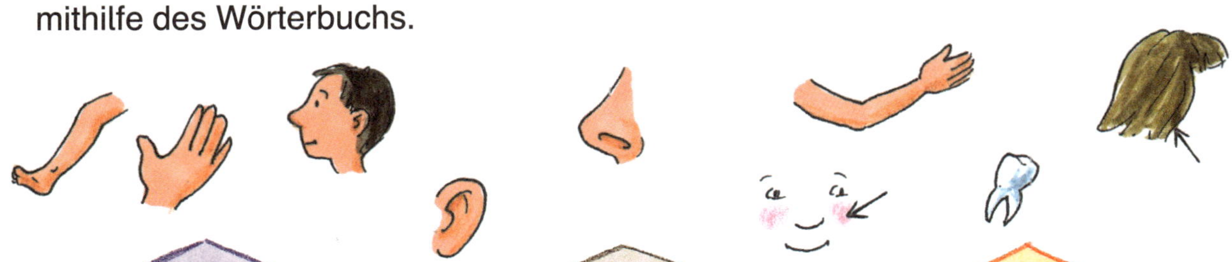

13 b) Schreibe die Wörter in der Mehrzahl auf. Setze den Artikel dazu. Was fällt dir auf?

13 **2** In diesem Buchstabensalat sind sechs Wörter zum Thema Körper versteckt. Schreibe sie heraus und suche in deinem Wörterbuch den richtigen Artikel.

A	M	I	O	W	Q	A	Y	R	I	S	P
B	A	U	C	H	Ü	I	C	K	N	I	E
A	P	S	C	H	E	R	Z	V	C	U	K
D	E	R	X	K	N	O	C	H	E	N	E
B	L	U	T	S	E	Y	X	Z	E	H	T

①

②

③

④

⑤

⑥

Wortbedeutungen

14, 19

1 a) Schreibe die passenden Wörter zu den Bildern.

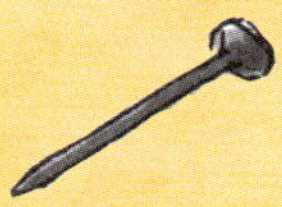

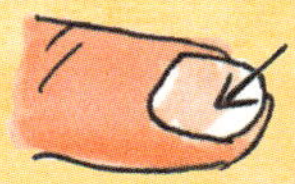

b) Schreibe die passenden Wörter auf.

2 Schlage die Wörter in deinem Wörterbuch nach und überprüfe ihre Schreibung. In manchen Wörterbüchern kannst du auch die Bedeutungserklärungen überprüfen.

3 Ist das auch ein Teekesselwort?

e oder ä, eu oder äu, ss oder ß?

1 e oder ä? Fülle das Kreuzworträtsel aus. Nimm dein Wörterbuch dazu.

Kasten, in dem Tiere gehalten werden

auf dem Adventskranz sind vier

erfundene Geschichte, z. B. Rotkäppchen

nicht schön

von großem Gewicht

in der Kirsche ist ein

2 eu oder äu? Schlage im Wörterbuch nach, wie diese Wörter richtig geschrieben werden. Auf welcher Seite in deinem Wörterbuch hast du sie gefunden?

______ Seite ___

______ Seite ___

______ Seite ___

______ Seite ___

______ Seite ___

3 ss oder ß? Schaue in deinem Wörterbuch nach, wie diese Wörter richtig geschrieben werden.

Spa ___

flie ___ en

Flu ___

bi ___

sü ___

schlie ___ en

Schlü ___ el

e ___ en

a ___

bei ___ en

Wörter mit sp, st und v

1 Schlage die Wörter in deinem Wörterbuch nach und schreibe sie auf.

Seite

Seite

Seite

Seite

Seite

2 Welcher Buchstabe fehlt hier? Ergänze und kontrolliere mithilfe deines Wörterbuchs. Achtung! Zwei Wörter haben sich eingeschlichen.

ogel ase erbessern

inger ulkan ortrag

ange eilchen egetarisch

3 Richtig oder falsch? Umkreise das richtig geschriebene Wort farbig. Wenn du dir nicht sicher bist, schlage in deinem Wörterbuch nach.

Ferband – Werband – Verband

Ferse – Verse – Werse

Wampir – Fampir – Vampir

Witamin – Vitamin – Fitamin

Vers – Wers – Fers

Video – Phideo – Wideo – Fideo

Zusammengesetzte Nomen

16, 17, 21

1 Diese Nomen sind aus zwei Wörtern zusammengesetzt. Schreibe so:

Hauskatze = Haus + Katze

Hexenhaus = ______ + ______

Turnhalle = ______ + ______

Gartentor = ______ + ______

16, 17, 21

2 Schlage den zweiten Teil dieser Wörter im Wörterbuch nach und schreibe die Wörter auf.

Zusammengesetzte Nomen findest du nicht immer im Wörterbuch. Du kannst aber einzelne Teile nachschlagen.

Turn +  = ______

Bastel + 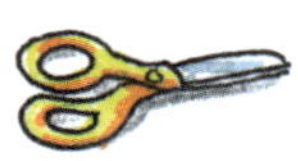 = ______

Schaukel +  = ______

Bilder +  = ______

16, 17, 21

3 Verbinde die Wortteile zu sinnvollen Wörtern. Schlage den zweiten Teil der Wörter nach und schreibe die Wörter richtig auf.

Luft	L ne	______
Telefon	Pu ing	______
Hunde	Ba on	______
Schokoladen	Nu er	______

16, 17, 21

4 Wie viele zusammengesetzte Nomen kannst du mit dem Wort *Wasser* bilden? Es kann erster oder zweiter Bestandteil sein. Dein Wörterbuch kann dir bei der Suche helfen.

______

______

Wortfamilie und Wortstamm

18, 22

1 Welche Wörter gehören zu einer Wortfamilie?
a) Male die Kästchen jeweils in derselben Farbe aus.
b) Kreise den Wortstamm in jedem Wort ein.

Fähre	ablaufen	Radfahrer
Laufwerk	Fahrzeug	Läufer
fahren	läuft	Auflauf

2 Schreibe jede Wortfamilie getrennt auf.

Lauf	Fahr

3 Schlage in deinem Wörterbuch nach. Welche der Wörter findest du darin?
Schreibe die Seitenzahl jeweils hinter das Wort.

18, 22

4 Findest du in deinem Wörterbuch noch weitere Wörter, die zur Wortfamilie gehören?
Du kannst sie in deine Listen aufnehmen. Die Wortbausteine helfen dir bei der Suche.

Gebeugte Verbformen

1 Wie heißen die Grundformen zu diesen Verben?
Kontrolliere mithilfe deines Wörterbuchs.

du malst ➩

er schreibt ➩

sie turnt ➩

ich singe ➩

ihr tanzt ➩

2 Nicht alle Grundformen sind so einfach.
Suche die richtige Grundform mithilfe deines Wörterbuchs.

er isst ➩

sie spricht ➩

es sieht ➩

du hilfst ➩

du gibst ➩

3 Hier haben sich Fehler eingeschlichen. Verbessere mithilfe deines Wörterbuchs.

sie liest ➩ liesen ➩

er hält ➩ hälten ➩

du fährst ➩ fähren ➩

du schlägst ➩ schlägen ➩

ich zähle ➩ zahlen ➩

Steigerung von Adjektiven, Zahlwörter

1 Fülle die Tabelle richtig aus. Nimm dein Wörterbuch zu Hilfe.

Grundstufe	1. Vergleichsstufe	2. Vergleichsstufe
groß		
		am höchsten
	härter	
viel		
	besser	
		am klügsten

2 Ergänze die Sätze sinnvoll.

a) Jan ist ein ___ Turner. Noch ___ kann er schwimmen. Er hat mit seinem Papa ___ geübt. Am ___ Spaß macht ihm das Schwimmen mit Flossen.

b) Eigentlich sind Sarah und Lena gleich ___. Da Lena heute aber Schuhe mit Absätzen trägt, ist sie ein bisschen ___.

3 Wie viel frisst jedes Tier?
Schreibe kleine Sätze und überprüfe mit deinem Wörterbuch, ob du die Zahlwörter richtig geschrieben hast.

Silbentrennung

1 Wie trennt man die Monatsnamen?
Schlage im Wörterbuch nach und trage die Trennungsstriche ein.

Januar	Februar	März
April	Mai	Juni
Juli	August	September
Oktober	November	Dezember

2 Wie kannst du diese Wörter trennen? Überprüfe mithilfe deines Wörterbuchs.

Landkarte	Land - kar - te
fantastisch	
Lokomotive	
radieren	
Fußballfeld	

3 Schwierige Trennungen: Überprüfe mithilfe deines Wörterbuchs.

Ärztinnen	Ärz - tin - nen
plötzlich	
impfen	
Kostüm	
Puzzle	
Flocke	
Ketchup	

Fehler finden und verbessern

1 Im Text sind 10 Fehler versteckt. Unterstreiche die falschen Wörter.
Wenn du dir nicht sicher bist, schlage in deinem Wörterbuch nach.

Tom rent mit seinem Hunt Bello über die Wieβe zum See. Die Enten verstecken sich schnel. Tom wirft ein Stöckchen ins Waser. Bello sprinkt hinterher. Doch was ist dass? Bello pringt eine Flasche. In der Flasche ligt etwas. Eine Vlaschenpost.

2 Schreibe den Text noch einmal fehlerfrei auf. Kontrolliere mit deinem Wörterbuch.

Das Abc

Lexis Geheimschrift 1

Schreibe alle Buchstaben des Abcs untereinander und ordne jedem Buchstaben eine Zahl zu: a = 1, b = 2, c = 3 ...
Nun kannst du mithilfe der Zahlen geheime Botschaften schreiben und entschlüsseln.

Was heißt zum Beispiel 12 5 24 9?

Welcher Buchstabe kommt zuerst? 2

Du spielst mit einem Partnerkind oder in einer kleinen Gruppe.
Einer von euch nennt zwei Buchstaben des Abcs, zum Beispiel *m* und *k.*
Die Frage lautet nun:
„Welcher Buchstabe steht im Abc zuerst?"
Wer die Lösung als Erster nennt, darf die nächste Aufgabe stellen.

Wie heißt der Vorgänger? Wie heißt der Nachfolger? 3

Du spielst mit einem Partnerkind oder in einer kleinen Gruppe.
Ein Spieler nennt einen Buchstaben.
Wer zuerst den richtigen Vorgänger und den richtigen Nachfolger weiß, darf die nächste Aufgabe stellen.
Beispiel: „r": Vorgänger *q,* Nachfolger *s*

Ein Abc schreiben 4

Suche zuerst ein Thema, zu dem du dein Abc schreiben möchtest, zum Beispiel Tiere, Namen, Ferien. Nun schreibst du alle Buchstaben des Abcs untereinander.
Suche jetzt zu jedem Buchstaben ein passendes Wort. Falls du zu einigen Buchstaben kein passendes Wort findest, darfst du selbst ein Wort erfinden.
Entscheide, ob dein Abc nur aus Nomen, nur aus Verben oder nur aus Adjektiven bestehen soll. Du kannst auch mischen.

Abc-Sätze schreiben 5

Auf Seite 24 findest du Abc-Sätze.
Erfinde nun selbst kleine Abc-Sätze.
Es dürfen auch lustige Quatschsätze sein.

Abc-Verse schreiben 6

Auf Seite 24 findest du ein kleines Gedicht mit Abc-Versen. Schreibe nun selbst solche Verse. Du kannst dabei die Aufteilung des Abcs selbst wählen.

Namen ordnen 7

Schreibe alle Vornamen der Kinder deiner Klasse auf. Ordne die Namen nach dem Abc. Achte dabei auf den zweiten und dritten Buchstaben.
Das Gleiche kannst du nun mit den Nachnamen deiner Mitschüler machen.
Wenn sich jedes Kind ein Namensschild schreibt, könnt ihr euch in der Klasse nach dem Abc aufstellen.
Findet ihr noch weitere Möglichkeiten, eure Namen zu ordnen?

Wörter suchen und ordnen 8

Suche aus dem Wörterbuch zehn Wörter zu einem bestimmten Thema, zum Beispiel Sport, Schule, Hobbys, Lieblingswörter, Ferien ... Schreibe die Wörter auf.
Ordne dann deine Wortlisten nach dem Abc.

Ein Namengedicht schreiben 9

Schreibe die Buchstaben deines Namens mit einem bunten Stift schön verziert untereinander. Suche nun zu jedem Buchstaben deines Namens ein Wort im Wörterbuch und schreibe es hinter den jeweiligen Buchstaben.

Beispiel: **J** uli
a nrufen
n eugierig

Verfahre ebenso mit den Namen deines Freundes, deiner Geschwister ...

Diktieren und nachschlagen 10

Ein Spieler diktiert ein Wort aus dem Wörterbuch. Das Partnerkind muss das Wort aufschreiben und mithilfe des Wörterbuchs kontrollieren. Wie lange hat das Partnerkind dabei gebraucht.
Nach zehn Wörtern wechselt ihr.

Im Wörterbuch suchen 11

Du kannst mit einem Partnerkind oder in einer kleinen Gruppe spielen.
Wer findet zuerst drei Tiere, Länder, Pflanzen, Berufe ... im Wörterbuch?
Die gefundenen Wörter müssen mit Seitenzahl aufgeschrieben werden.
Wer zuerst fertig ist, darf die nächste Aufgabe bestimmen.

Tiere, Pflanzen, Essen ... 12

Dieses Spiel kannst du allein, mit einem Partnerkind oder in der Gruppe spielen.
Schreibe dir zunächst diese Tabelle auf:

Tier	Pflanze	Essen	Name	Land	Punkte

Ein Buchstabe aus dem Abc wird ausgewählt. Jetzt müssen alle so schnell als möglich die Tabelle ausfüllen. Du darfst das Wörterbuch benutzen. Wer zuerst alle Spalten ausgefüllt hat, ruft „stopp“.
Für jede richtige Antwort gibt es einen Punkt. Der Gewinner darf den Buchstaben für die nächste Runde auswählen.

Besonderheiten

Einzahl – Mehrzahl 13

Du spielst mit einem Partnerkind.

a) Ein Spieler liest aus dem Wörterbuch ein Nomen in der Einzahl vor, der Partner muss die richtige Mehrzahl finden. Nach zehn Wörtern wird getauscht.

b) Suche dir fünf Wörter aus dem Wörterbuch. Verstecke sie in der Mehrzahl in einem Buchstabensalat wie auf Seite 10. Dein Partner muss nun die Wörter finden und in der Einzahl aufschreiben.

Teekesselchen 14

Überlege dir zusammen mit einem Partnerkind ein Wort, das zwei verschiedene Bedeutungen hat, zum Beispiel *Hahn.*
Du kannst auch in einem Wörterbuch mit Worterklärungen nachschlagen. Jeder von euch erklärt nun eine Wortbedeutung, ohne das Wort zu nennen: „Mein Teekesselchen lebt auf einem Bauernhof." „Mein Teekesselchen ist im Bad zu finden." Ihr müsst euer Wort so lange erklären und umschreiben, bis das Rateteam das Wort erraten hat.

Wortbedeutungen – Richtig oder falsch? 15

Ein Spieler sucht sich ein Wort aus dem Wörterbuch und erklärt, was es bedeutet. Dabei darf er auch flunkern.
Sein Spielpartner muss nun erraten, ob die Worterklärung richtig oder falsch war.
Wenn ihr ein Wörterbuch mit Bedeutungserklärungen habt, könnt ihr anschließend daraus die richtige Wortbedeutung vorlesen.

Zusammengesetzte Nomen 16

Kannst du eine Wortschlange aus zusammengesetzten Nomen bilden?
Schreibe so: *Baumhaus – Haustür – Tür ...*
Du kannst zum Beispiel auch mit folgenden Wörtern beginnen: *Königstiger, Gartentisch, Schulbuch ...*

a) Du kannst auch in einer Gruppe spielen. Vergleicht, wessen Wortschlange nach einer bestimmten Zeit am längsten ist.

b) Ihr könnt die Wortschlangen auch im Kreis bilden. Ein Mitspieler muss zum Wort seines Vorgängers ein neues anhängen.

Zusammengesetzte Wörter 17

a) Ein Nomen wird vorgegeben, zum Beispiel *Winter.* Nun musst du versuchen, innerhalb von drei Minuten so viele zusammengesetzte Nomen mit *Winter* zu finden, wie du kannst. Wenn du in der Gruppe spielst, könnt ihr anschließend eure Wörter vorlesen und vergleichen, wer die meisten gefunden hat. Als Ausgangswörter eignen sich auch *Sommer, Hand, Kinder, Apfel ...*

b) Du kannst auch mit Verben spielen. Dann heißt die Frage: „Wer findet in drei Minuten die meisten Verben mit *ab-, an-, aus-, be-, er-, ent-, hin-, ver-, vor- ...*?"

Wortfamilie 18

Wie viele verwandte Wörter kannst du zu einem Wort (z. B. *schreiben, reisen, fallen ...*) finden? Du darfst natürlich das Wörterbuch zu Hilfe nehmen.
Du kannst die Aufgabe auch zusammen mit einem Partnerkind lösen oder in einem kleinen Wettstreit ausprobieren, wer die meisten Wörter innerhalb von zehn Minuten findet.

Spiele zum Selbermachen

Memo-Spiel mit Teekesselwörtern 19

- Sammle möglichst viele Teekesselwörter (ein Wort hat zwei Bedeutungen), zum Beispiel *Bank, Schloss, Kohle, Strauß, Strom.* Du darfst dazu in einem Wörterbuch oder Lexikon nachschlagen.
- Schneide gleich große Kärtchen (ca. 5 x 5 cm) aus dünnem Karton aus. Du brauchst doppelt so viele Kärtchen wie du Teekesselwörter gefunden hast.
- Schreibe jedes Teekesselwort auf zwei Kärtchen.
- Male nun auf das eine Kärtchen ein Bild zur einen Bedeutung des Wortes (z. B. Bank als Sitzgelegenheit) und auf das andere Kärtchen ein Bild zur anderen Bedeutung (z. B. Bank als Geldinstitut).
- Nun kannst du mit deinen Partnern das Memo-Spiel spielen.

Dies und das 20

- Finde viele Sammelbegriffe, zum Beispiel *Beruf, Küchengerät, Name, Tier, Obstsorte, Land ...*
- Schneide so viele gleich große Kärtchen aus dünnem Karton aus, wie du Sammelbegriffe gefunden hast. Schreibe auf jedes Kärtchen eine Aufgabe nach folgendem Muster: „Wer kennt einen Beruf mit ...?“ „Wer kennt ein Küchengerät mit ...?“
- Aus einem andersfarbigen Karton schneidest du wieder gleich große Kärtchen aus. Schreibe auf jedes Kärtchen einen Buchstaben (c, q, x und y kannst du allerdings weglassen).
- Nun werden die Fragekärtchen und die Abc-Kärtchen jeweils verdeckt auf einen Stapel auf den Tisch gelegt. Ein Kärtchen des Fragestapels wird abgehoben und der Gruppe vorgelesen. Nun wird ein Abc-Kärtchen gezogen. Wer zuerst eine richtige Antwort zur gestellten Frage mit dem passenden Buchstaben findet, darf das Fragekärtchen behalten und die nächste Frage vorlesen. Das Abc-Kärtchen wird unter den Stapel gelegt. Wisst ihr keine Antwort oder seid euch unsicher, kann euch das Wörterbuch helfen!

Wortschlangen aus zusammengesetzten Nomen 21

- Schreibe eine möglichst lange Wortschlange aus zusammengesetzten Nomen auf, zum Beispiel: *Königstiger – Tigerzahn – Zahnarzt – Arzttasche – Taschentuch ...*
- Schneide gleich große Kärtchen (ca. 8 x 5 cm) aus dünnem Karton aus. Du brauchst jeweils eine Karte mehr als du zusammengesetzte Nomen für eine Wortschlange gefunden hast.
- Schreibe jedes Einzelnomen auf eine Karte, also *König, Tiger, Zahn, Arzt ...* und gestalte deine Kärtchen mit passenden Bildchen aus.
- Dein Partner muss nun die Kärtchen zu einer Wortschlange zusammensetzen.
- Besonderes interessant wird es, wenn du drei oder vier Wortschlangen zusammenmischt. Jetzt kannst du mit einem Partner eine Art Domino spielen. Durch Ziehen und Anlegen müssen die verschiedenen Wortschlangen wieder zusammengebaut werden.

Quartett zu Wortfamilien 22

- Sammle jeweils vier Wörter zu einer Wortfamilie, zum Beispiel *schreiben, Schreibheft, abschreiben, Geheimschrift.* Nutze dabei dein Wörterbuch. Du solltest Wörter zu mindestens vier oder fünf Wortfamilien (z. B. *fahren, laufen, fliegen*) suchen.
- Schneide gleich große Kärtchen (ca. 10, 5 x 7,5 cm) aus dünnem Karton aus oder besorge dir Blankokarteikärtchen im Format DIN A7. Du brauchst für jedes Wort ein Kärtchen.
- Schreibe nun auf jedes Kärtchen ein Wort und gestalte deine Kärtchen aus.
- Nun kannst du mit deinem Partner Quartett spielen. Interessant wird es, wenn du noch einen Schwarzen Peter einschmuggelst.

Das Abc kennen

1–6

1 Kennst du das Abc noch? Vervollständige die Verse richtig.
Achte hierbei auf die Reimwörter.

__ __ __ __,	ich seh im Traum 'ne Fee.
__ __ __,	da fällt vom Himmel Schnee.
__ __ __ __,	alle Kinder schrein Hurra!
__ __ __ __ __,	verfroren ist das Reh.
__ __ __ __,	es tut ihm weh der Zeh.
__ __ __,	ich koch ihm schnell 'nen Tee.
__ __ __,	jetzt ist das Abc komplett.

1–6

2 Welcher Buchstabe steht im Abc zuerst? Kreuze an.

f oder h   n oder m   b oder g   r oder t

A oder C   J oder H   L oder G   K oder S

1–6

3 Steht das Wort am Anfang, in der Mitte oder am Ende vom Abc? Kreuze an.

	A–I	J–R	S–Z		A–I	J–R	S–Z
	A–I	J–R	S–Z		A–I	J–R	S–Z
	A–I	J–R	S–Z		A–I	J–R	S–Z

1–6

4 Schreibe mit folgenden Wörtern Abc-Sätze.

a) ALLE   CÄCILIES   BEWUNDERN   DACKEL

b) ELEFANT   GRÜNE   INTERESSANT   HÜTE   FINDET   DER

c) LINSEN   KONRAD   JÄGER   ISST   HEUTE

zu a) ______________________________

zu b) ______________________________

zu c) ______________________________

Wörter ordnen

7–8

1 Was gibt es hier zu essen?

a) Schreibe die Wörter in die Kästchen.

b) Ordne die Wörter nach dem Abc.
Du musst dabei auf den zweiten Buchstaben achten.

1 ______________________ 2 ______________________

3 ______________________ 4 ______________________

5 ______________________

c) Überprüfe die Reihenfolge der Wörter mit deinem Wörterbuch.

7–8

2 Ordne die Wörter auf den Wortkarten den richtigen Wörterbuchseiten zu. Gib acht! Zwei Wörter passen nicht.

Kuchen | essen | Joghurt | Pfeffer | Keks

Wörter suchen

17

1 Suche jeweils drei Verben mit den Vorsilben *ab-, er-, ver-* in deinem Wörterbuch.

ab-	er-	ver-
fahren	______	______
______	______	______
______	______	______

8–12, 20

2 Suche in deinem Wörterbuch acht Wörter, die mit dem Thema Schule zu tun haben. Schreibe sie mit Seitenzahl auf.

(1) ______	Seite ____	(5) ______	Seite ____
(2) ______	Seite ____	(6) ______	Seite ____
(3) ______	Seite ____	(7) ______	Seite ____
(4) ______	Seite ____	(8) ______	Seite ____

3 Wie heißen diese Wörter? Suche sie im Wörterbuch und schreibe auf, welches Kopfwort auf der Seite steht.

Möhre	Mö ◯ e	______
______	Or ◯ ester	______
______	spa ◯ ieren	______
______	gr ◯ ß	______
______	Za ◯ npa ◯ ta	______

4 Kennst du die AEIOU-Regel? In welcher Reihenfolge stehen diese Wörter im Wörterbuch? Schlage nach, achte dabei auf den zweiten Buchstaben.

◯ SALZ ◯ SEHEN ◯ SIEGER ◯ SONNE ◯ SUCHEN

Wortbedeutungen

1 Richtig oder falsch? Kreuze an. 15

a) Albino, der: Tier oder Mensch mit einer Glatze ☐ r ☐ f

b) Damm, der: Schutzmauer gegen eine Überschwemmung ☐ r ☐ f

c) Illustration, die: Bilder, Zeichnungen zu Texten ☐ r ☐ f

d) Äquator, der: Stern, auf dem nur die südliche Erdhalbkugel zu sehen ist ☐ r ☐ f

2 Bei manchen Wörtern kannst du am Artikel erkennen, welche Bedeutung gemeint ist. Schreibe jeweils einen Beispielsatz. 14, 19

a) Kiefer
- der: ______________________________
- die: ______________________________

b) Band
- das: ______________________________
- der: ______________________________
- die: ______________________________

3 Welches Wort ist hier gemeint?

das 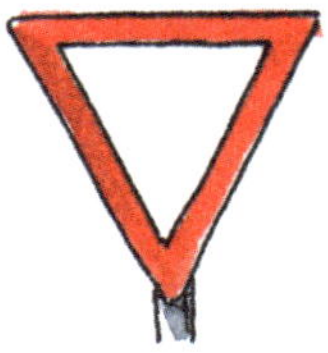 ____________________ der 

4 Was bedeuten diese Wörter? Schreibe eine Erklärung oder ein Beispiel auf.

In manchen Wörterbüchern kannst du auch die Wortbedeutungen nachschlagen.

a) Krach: ______________________________

b) chatten: ______________________________

c) Visum: ______________________________

d) Stativ: ______________________________

Fremdwörter

1 Verbinde die Bilder mit den passenden Wörtern.

(1) Thermometer (2) Computer (3) Spaghetti (4) Lasagne

(5) Skateboard (6) Pizza (7) Jeans (8) Baguette

2 Fremdwörter bilden manchmal die Mehrzahlform anders als deutsche Wörter. Schreibe die Mehrzahlform der Wörter aus Aufgabe 1 auf und kontrolliere mithilfe deines Wörterbuchs.

(1) ______________________ (2) ______________________

(3) ______________________ (4) ______________________

(5) ______________________ (6) ______________________

(7) ______________________ (8) ______________________

3 Fremdwörter spricht man manchmal anders aus, als man sie schreibt. Schreibe die Wörter mithilfe deines Wörterbuchs richtig auf.

Kaos ______________________

______________________ Garasche

Schampu ______________________

Vergangenheitsformen

1 Verbinde die Vergangenheitsformen mit den richtigen Grundformen. Kontrolliere mit deinem Wörterbuch.

getrunken	hören	Seite ____
gebissen	trinken	Seite ____
geflossen	beißen	Seite ____
gehört	fließen	Seite ____

2 Wie heißen die Vergangenheitsformen zu folgenden Verben? Nimm dein Wörterbuch zu Hilfe.

Grundform	Präteritum	Perfekt
schwimmen	er	sie
werfen	er	sie
laufen	er	sie
fliegen	er	sie
nehmen	er	sie

3 Ergänze die Tabelle mithilfe deines Wörterbuchs.

Grundform	Präteritum	Perfekt
		sie hat gegessen
müssen		
	er vergaß	
sprechen		
	er hing	

4 In jedem Satz ist ein Fehler. Berichtige mithilfe des Wörterbuchs.

Der Esel ziehte die Kutsche. ____________________

Die Kinder sind nach Hause gerennt. ____________________

Das Auto fahrte auf der Autobahn. ____________________

Vorsicht! Frisch gestreicht! ____________________

Zusammengesetzte Verben

17

1 Aus welchen Bausteinen sind diese Wörter zusammengesetzt?

festschrauben = ______ + ______

durchkrabbeln = ______ + ______

hinunterspringen = ______ + ______

zudecken = ______ + ______

loslassen = ______ + ______

17–18

2 Bilde neue Verben mit den Wortbausteinen.

los, zurück, zu, weg, vorwärts, **gehen**, ver, aus, ab, rückwärts, zer, hin, fort, be

______

______

______

17

3 Wie werden die Verben richtig geschrieben?
a) Umkreise die Bausteine der Wörter.

Manche zusammengesetzte Verben findest du nicht im Wörterbuch. Wenn du weißt, welches die Bausteine eines Verbs sind, kannst du sie nachschlagen.

losrei ___ en ______

aufste ___ en ______

wegfa ___ ren ______

losschi ___ en ______

herausfa ___ en ______

b) Schlage das Grundverb im Wörterbuch nach und fülle die Lücken richtig aus.
c) Schreibe zu zwei Verben einen kleinen Satz.

______

______

Zusammengesetzte Adjektive

1 Wie heißen diese Adjektive? Schlage den fehlenden Teil im Wörterbuch nach und schreibe das Adjektiv auf.

Raben + [redacted] = ______________________

+ schnell = ______________________

+ süß = ______________________

+ weiß = ______________________

+ leicht = ______________________

2 Adjektive werden häufig mit den Wortbausteinen *-ig* und *-lich* gebildet.
Schlage die Adjektive im Wörterbuch nach und fülle die Lücken richtig aus.

gefähr ◯ eil ◯

eifr ◯ ehr ◯

durst ◯ durchsicht ◯

ordent ◯ prächt ◯

mut ◯ mög ◯

Manche zusammengesetzte Adjektive findest du nicht im Wörterbuch. Wenn du die Bestandteile kennst, kannst du sie oder ein verwandtes Wort nachschlagen.

3 Bei manchen Adjektiven findest du nur ein verwandtes Wort im Wörterbuch.
a) Schlage das verwandte Wort nach und leite daraus die richtige Schreibweise des Adjektivs ab.

schl ◯ frig ⇨ ______________ Seite ____

l ◯ lich ⇨ lieb / Liebe Seite ____

sü ◯ lich ⇨ ______________ Seite ____

f ◯ rchterlich ⇨ ______________ Seite ____

w ◯ ssrig ⇨ ______________ Seite ____

b) Schreibe zu zwei Adjektiven einen kurzen Satz.

____

____

18, 22

Fehler finden und verbessern

1 Im Text sind 16 Fehler versteckt. Unterstreiche die falschen Wörter.
Wenn du dir nicht sicher bist, schlage in deinem Wörterbuch nach.

Tom get in den Zo. Er leuft zuerst zu den Kengurus. Dort gipt es ein Baby! Das stant in der Zeitung. Aber es steckt im beutel der Mutter und ist nicht zu sehen. Dann geht er zu den Afen. Einer kommt ans Gitter und siet Tom neugierig an. Tom nimt einen zweig und ergert iehn damit. Blitzschnell stekt der Affe seinen arm durch das Gitter und giebt Tom eine Ohrfeige!

2 Schreibe den Text noch einmal fehlerfrei auf. Kontrolliere mit deinem Wörterbuch.